울음이 그친 자리마다 피어나는 히아신스

유상민 시집

『울음이 그친 자리마다 피어나는 히아신스』

시인의 말 9

첫 번째 장
그리운 엄마 아빠

곡물 가족 12 · 갓난아기 13 · 작고 얇은 파뿌리 14

달이 예쁘다 15 · 출근길 16 · 서울특별시 18

우리 엄마 소원 19 · 퇴화 20 · 다크서클 21

아빠가 처음이라 22 · 흰 백합 24

두 번째 장
홀로서기

새 학기 28 · 빨래도 29 · 그리운 집 30

가정집 31 · 홀로 32 · 대롱 의자 33

번아웃 34 · 실명 35 · 깊은 밤 얕은 잠 36

묵직함 37 · 책임감 38

아무 일도 아닌 것들의 의미 40 · 오늘이 누구야 41

노력하는 사람 42 · 즐기는 자의 생각 43

잘 끝냈다 44 · 미래 45 · 주사위 놀이 46

추억 여행 47 · 반성 48 · 나 49 · 어느 술집 50

자연스러움 51 · 배움의 길 52 · 도시 사람 53

세 번째 장
당신과 나

한 끗 차이 56 · 하얀 붕대 57 · 웃을 수 있는 감정 58

시야 60 · 약속 61 · 한 움큼 62 · 찢어진 옷 63

아파보고 그래 64 · 기억력 저하 65

나는 행복합니다 66 · 작은 진심 67 · 네가 오는 날 68

글귀 69 · 직접 만든 향수 70 · 익명 댓글 71

버릴 수 있는 것 72 · 사랑은 결국 73 · 장우산 74

지구와 위성 76 · 기침 소리 77 · 길고양이 78

포장마차 아저씨 80 · 긴 하품 소리 82 · 오 분 통화 83

네 번째 장
이별의 행동

정 86 · 깨끗한 손 87 · 송진가루 88

나의 반창고 89 · 사랑과 좋음의 차이 90

이혼가족 92 · 사랑하기 위한 과정 93

적응 94 · 그냥 왔습니다 96 · 사랑받을 자격 97

잊지 못할 추억 98 · 웃는 달님 99

못난 사람 100 · 무감정 101 · 인연의 실 102

다섯 번째 장
살아있다고 느끼는 것

꺼지지 않는 불 106 · 핫팩 107 · 모기 108

다른 말 109 · 눈비 110 · 벽걸이 시계 111

유리창 112 · 예술가 114 · 모래 알갱이 115

나는 비 116 · 무서운 귀신 118 · 거미의 생각 119

여섯 번째 장
어느 시인의 이야기

닫힌 공간 122 · 한 번의 기회 123

한 글자 124 · 선생님 126 · 골목길 128

가슴 속 이야기 129 · 표절 130

시인의 말

슬픈 감정,
눈물이 나는 것이 전부일까요

눈물이 앞에서 나고
뒤로 흩날리듯이

그저 과거로만 두었던
옛날 기억이 떠오르네요

슬픔 속에서 살아가는 우리들은
언제 마음 놓고 울어봤을까요

나의 작고 큰 슬픔이
모두에게 닿을 때까지

천천히 흘러갔으면 좋겠어요

첫 번째 장

그리운 엄마 아빠

엄마 아빠의 보살핌이
자연스러워질 때 쯤

엄마 아빠의 품을
떠나게 되었다

처음의 힘듦이
어느덧 무뎌지고

갑작스러운 그리움에
감정이 휘몰아칠 때 쯤

엄마 아빠 생각에
긴 슬픔에 젖어들었다

곡물 가족

엄마 노래 불러 주세요
아빠 밥 주세요

사랑스러운 감자
뱃속에 있는 고구마

혼자 있을 때마다
감자는 늘 눈물을 흘렸다

뭐가 그렇게 슬펐을까
울다가 지쳐 잠이 들고

발자국 소리와 현관문 불빛에
눈을 번쩍 뜨며 엄마 아빠 부른다

감자와 고구마에게 뿌리가 있듯
새싹을 키워준 엄마 아빠를

무지무지 사랑하나 보다

갓난아기

이제 막 두 살 아기
한창 뛰어놀 시기

자기 동생 이 개월
사랑받을 나이

사랑하는 법은
사랑받는 법으로부터

부모가 아기에게
아이들이 동생에게

기분이 상하더라도
억지로 사과하는 날이 있어도

늘 누나이고 동생이기에
서로가 서로를 이해하기를

언젠간 이 삼촌의 말도
읽을 수 있는 날이 오겠지

작고 얇은 파뿌리

물 주세요 물 먹을래요
물 달라고 재촉하는 파

긴머리 바람결에 휘날리면서
자꾸만 떼를 쓴다

물 안주면 안 자랄 거야
시무룩하며 화를 내더라

그래 물 줘야지
밉지만 이쁘게 잘 자라고 있더라

대파야 집 밖에 나가면
아무에게도 먹히지 않도록

아주 큰 파뿌리가 되어
나 없이도 행복하게 잘 지내야 한다

달이 예쁘다

아주 밝은 달이
하늘에 떠 있다

엄마 가슴 품에
꼭 안기고서

따스한 가을밤에
달을 쳐다보았다

이쁘다
밝다

눈이 스르르 감기며
달이 점차 흐려진다

엄마 엄마도
나와 같은 달을 보고 있겠죠

출근길

이른 아침에
짜증스러운 모습으로

구긴 표정의 얼굴로
빠르게 집을 나섰다

너무나도 시끄러운
주변 사람들

잠을 못 이루게 하는
공사판의 기계들

편하게 앉아 갈 수 없는
만원 지하철

내가 도착한 곳은
새벽녘의 일터였다

아까 봤던 사람들
아까 봤던 기계들

지하철에서 묵묵히
하루를 시작하는 사람들

불평했던 내 자신이
조금은 부끄러워질 적에

내가 어른이 되기 전
우리 부모님이 했던 삶을

살아본다고 느끼니
고개를 들 수 없었다

조용히 아주 조용히
하루를 보낼 뿐이었다

서울특별시

엄마 떠나 서울 살이
여기가 어디인지 모르겠다

앞에서 읊어봐도
무슨 말인지 도통 모르겠다

무작정 들어온 집에
이불 하나 없이

얇은 여름용 셔츠 한 장
바닥에 깔아놓고

천장에 핀 곰팡이 세어가며
찍찍이와 함께 잠에 든다

타박 타박
터벅 터벅

슬리퍼가 사라졌다 나타났다
맨발로 걸어가나 싶으면

여름이 이렇게나 추운데
어떻게 걸어가나 싶다

우리 엄마 소원

아들 잘 지내고 있니
얼마 만에 목소리를 듣는 건지

걱정 여럿 하다
전화 한 통에 미음이 놓인다

여보세요 여보세요
전화가 끊겼나

많이 힘들고 바쁜가 보네
몸 건강하게만 잘 다녀와

엄마가 우리 아들
먹고 싶은 거 다 싸서

꼭 데리러 갈게
잘 다녀와 아들 뚝

퇴화

다리가 아프다
내 몸을 바치고 네 몸을 받쳐서

굽어진 등
무너질 듯한 허리

머리와 발끝만 받친 채
지나가는 모든 것을 견딘다

마음이 아프다
언젠간 무너질 나를 그려서

몸 하나 가누기 힘든
나를 보고

묵묵히 옆을 지키다
오늘도 멋있고 자랑스럽다며

늘 나의 두 다리가 되어줬던
우리 아들에게

미안하다는 말 한번
못 해준 게 가슴이 쓰리다

다크서클

눈에 넣어도
아프지 않은 건 자식이라

점차 빛을 잃어가는 건
부모였나 보다

본인의 밝음을
나누어주느라

점차 어두워지고
점차 무거워지나 보다

추욱 처진 몸으로
한 두발 걸을 수 있는 다리로

업고 달리고
그러다 보니

짙어지는 것도 모른 채
사랑하는 마음만 늘어났다더라

아빠가 처음이라

어릴 때 나는
도둑질을 했었다

안 들키면 그만이고
들킬 걱정은 하지 않았다

거짓말은 점차 늘고
몰래 하는 행동이 늘어갔다

한 번 걸렸을 때
자식은 부모의 거울이라며

우리 부모님이 고개를 숙이고
사과하는 모습만이 보였다

집에 돌아와서는
그러면 안 된다며 혼을 냈고

나는 하루종일 울며
방 안에 틀어박혀 있었다

내가 무얼 그리 잘못했다고

내가 왜 그렇게 혼나야 했냐며

울고불고 미워하다가
어느새 어른이 되었다

아들은 나와 똑같이
도둑질을 했다

살아가다 보니
내가 아들을 혼내고 있었다

아들은 방에서 나오지 않았고
미안한 마음이 들었다

어릴 때 아빠도
나와 같은 마음이었을까

아빠도 아들은 처음이라
아빠도 아빠가 처음이라

어떻게 해야 할지
몰랐던 것이었을까

흰 백합

누구를 그렇게
애타게 기다려

바로 옆에 여기
내가 있는데 말이야

그만 울고
천천히 일어나자

얼굴 한번 보자
많이도 컸네

그래 공부는 잘하고 있고
몸은 건강하고

힘든 건
없지

생각나면 한 번씩
찾아와서 술 한잔 탁 해

꽃은 그만 놔두고
편하게 아주 편하게 있다가 가

그래 그간 고생 많았지
오랜만에 보는데

웃는 얼굴 좀 볼라 했더니
울고만 있음 어째

괜찮아 걱정 그만하고
그래 그래

시간이 얼마 남지 않았네
조심히 가 다음에 또 와

사랑해

두 번째 장

홀로서기

혼자가 되어
삶을 살아가는 것이

편하기도 했고
씁쓸하기도 했다

주변 친구 하나 없이
혼자 살아가기 위해 노력하고

난 할 수 있다며
나 자신을 돌봤다

홀로 서야만 하는
아무도 없는 이 공간에서

나는 행복을 찾으려 했다

새 학기

서른하나 스물여덟
서른하나 서른

어느덧 열두 번이 지나고
서른하나 스물아홉

스물아홉은 마흔여덟 번이 지나
겨우 얼굴을 드러낸다

하루만 있었으면 하곤
후회했던 시절이

이 하루에 담겨
나를 잊게 해준다

삼월이 되기 전
마지막 이월

내 새로운 시작
내 긴장과 설렘을

이 하루를 통해
준비할 수 있었다

빨래도

깨끗해지자
오늘 하루 씻어내자

아이고 어지러워
세탁기가 돌고 돌고

아이고 더워
뜨거운 물 한바가지

아이고 추워
밤바람에 널려 널려

하루 푹 자고 일어나자
정신을 차려보면

어둡고 습해라
아이고 냄새야

정신을 차려보면
몸은 늘어나 있고

또 어지럽게
돌아가고 있다

그리운 집

생기를 잃은 눈
갈 곳 없는 눈동자

눈을 감고 뜨는 게
일상일 뿐

갈라진 입술
덥수룩한 수염

밥을 거르는 게
익숙해졌을 뿐

야윈 얼굴
부은 다리

쉬지 않는 게
삶의 이유가 됐을 뿐

가정집

방이 많다
난 하나였는데

나뿐만 아닌
다른 사람의 온기까지도

느껴진다
난 홀로였는데

널브러진 옷가지마저도
널려있는 수건마저도

지저분한 바닥마저도
따스해보인다

나는 늘
혼자였는데

홀로

마치 바다에 살 듯
몸이 축축했다

부채질로 땀을 식히고
찬물에 샤워도 해본다

젖은 이불을 빨래하다
땀이 난 나를 씻겨도 본다

혼자 살아가는데
외롭지 말라고

시원한 사람에게는 가족을
더운 사람에게는 밝음을

선물로 주려나 보다

대롱 의자

의자는 나를 받치다
그만 기울어졌다

원래대로 돌아가지 않고
그 자리에 누워

일어날 생각을
하지 않는다

내가 무거워 그랬을까
세월이 흘러 그랬을까

어깨에 짊어진
가장의 무게처럼

하루하루 늘어갔다
이미 흐른 시간처럼

하루 누워 쉬다 다음 날
그만 기울어졌다

번아웃

내가 무슨 말을
하려고 했더라

나는 무엇을
하고 있었더라

내가 왜 이렇게까지
해야만 했더라

모르겠다 이제는
누워버리자

영원한 잠에 빠져
아무것도 하지 말자

달콤한 과자와 음료수
깨끗한 세상 속에서

두 다리를 뻗고
날아오르자

실명

조명 하나 없이
비 내리는 소리만 들려오고

번개는 언제 쳤는지
천둥소리에 크게 놀라

잠에서 깨어났다

눈을 감고
감각을 잃다보니

작은 소리에도
깜짝깜짝 반응했다

밝은 빛은 보지 못할지언정
소리는 어둡게 꽂히더라

깊은 밤 얕은 잠

잠이 오지 않아서
몸을 움직여 본다

눈을 떴다 감아보고
창문을 열었다 닫아보고

몸과 마음은 닳았는데
정신은 멀쩡하다

쿵 쿵 심장 소리
간격은 점차 길어지고

가슴은 답답하나
무언가 편안하다

내일도 일어나서
아니 오늘도 일어나서

이미 지나간 하루를
다시 시작해야지

묵직함

세월이 흐르면서
변하는 풍경에 울지만

홀로 우뚝 선 나무는
꿋꿋이 그 자리를 지키고 있네

하얀 뭉게구름은
하염없이 날아가고 있구나

변함없는 나무
천천히 흘러가는 구름

나 자신이 세상에 갇혀있었단 걸
뒤늦게 그대들을 보고 깨달았으리

흩어지는 구름이 되어
꿋꿋한 나무를 바라게 되었네

책임감

어릴 땐 나무라며
화만 냈을 것이다

함께 일을 해도
혼자만 하는 것 같고

혼나도
나만 혼나는 것 같고

가만히 있으면
일이 되지 않았다

억울한 마음은
참은 것의 배가 되었다

지금은 그저
그 사람을 냅둘 뿐이다

더 먼저 발을 움직였기에
눈치가 빨라졌고

작은 실수로부터 혼났기에
큰 실수를 만회할 수 있었고

여러 일을 해봤기에
다른 일도 할 수 있게 되었다

언젠간 본인에게
꼭 돌아간다고

책임감 없는 자에게는
행운이 주어지지 않는다고

그렇게 믿으며
하루하루를 살아가다 보니

나 또한 관대하게
성장해 있더라

아무 일도 아닌 것들의 의미

풍경 바라보는 꽃잎 하나가
내 머리 위를 스쳐 지나가는데

날은 내 날이 아닌 듯이
뒤 한번 돌아보지 않고

강가에 떠오른 나뭇조각이
내 발밑을 맴돌고 있는데

세상이 무심하듯
손을 뻗어도 닿지를 않네

편한 마음이 노력을
포기한 마음이 미련을

그만하려 했던 인생을
다시 한번 붙잡게 하네

오늘이 누구야

아침인가
아침이었겠다

내가 떠날 즈음엔
눈을 감고 걸어가겠지

부드러운 손바닥 자국과
아름다운 마음의 흉터를 갖고

집으로 떠나는 길
미소 띠며 걸어가겠지

목적지가 없어져도
난 웃으며 걸어가겠지

노력하는 사람

즐겨요 즐기다 보면
잊을 수 있어요

실수와 실패
틀린 것까지도

노력이란 말이 무색하게
천재라는 이름을 가지고

누군가의 앞에 서는 것
용기가 많이 필요한 일을

즐겨요 즐기다 보면
느낄 수 있어요

내가 이 세상에서
소중한 사람인 것을

즐기는 자의 생각

배우는 것은
참 즐거워

모두가 동일한 이곳에서
재능과 노력으로 살아가니까

틀리면 즐겁고
맞히면 행복하지

나의 실수가
열등감을 만들고

모두의 성공이
나의 자존감을 떨어뜨리더라

그래도 나는 괜찮아
언젠간 나도 행복해질 거야

잘 끝냈다

바쁘게 살다
집에 돌아왔을 때

샤워를 하고 나면
마음이 놓였다

하루를 끝내는
침대에 누웠더니

오늘은 무얼 했는지
내일은 무엇을 해야 하는지

그런 생각만이
가득해졌다

한 일도 없고
혼날 일만 남았지만

그래도 오늘 하루
잘 살아냈다

미래

눈을 떠보니
막막한 끝이 있었다

보이지 않던 끝이
내 눈 바로 앞에 왔을 땐

뚜렷한 미래에 대한
설렘만이 가득했다

쿵
선을 밟았다

숨이 편안해지고
몸이 따뜻해졌다

따뜻함으로 가득 찬
내 미래

주사위 놀이

숫자로 가득한
여섯 개의 면에는

일, 이, 삼, 사, 오, 육
하나씩만이 그려져있다

주사위로 삶을 결정한다면
가장 높은 수가 유리하려나

내가 만든 주사위를 가지고
데굴데굴 굴려본다

어느 누구에게도
내 운명을 맡기지 않음을

지금까지의 나에게
말해주는 것이었다

추억 여행

사진을 찍다가
사진첩을 보았다

웃긴 추억과
아무 이유 없는 사진

한 장씩 넘겨보다가
막연한 슬픔이 들었다

내가 원했던 사진만이
가득했던 내 세상 속

평범하고 별로였던
사진들은 전부 다 지웠기에

조금은 슬퍼졌다
내가 나를 아끼지 않아

어떤 모습이 나인지
잘 모르게 되었기에

반성

오랜만에
적적히 있다보니

내가 무얼 하고 있나
돌아보게 되었다

한숨 크게 내뱉을
기억만이 떠오르고

구름마저도
내 한숨이 모인 것 같이

적적하고도 차분하게
흘러가고 있었다

하루를 남겨 놓았다가
잠을 위해 사용했던 나에게

나는 무얼 하고 있나
물어보게 되었다

나

내가 몰랐던 건
나였다

갖고 있었던 건
히나뿐이리

여러 생각이
들지 않았다

부끄러웠다
아무것도 알지 못했던

나의 하루와
나의 마음을

어느 술집

바다 한가운데서
팝 노래가 들려온다

가사를 들으려 하니
귀가 먹먹해 들리지 않고

새벽이 고요하지 않음에
마음이 요동쳤다

달래는 하늘에
몸은 쉬어갔고

술 한잔 곁들이며
바람을 안주로 삼았다

비싼 술은 흥을
싼 술은 감미를 준다는데

편의점 맥주 한 캔으로
흥이 돌아 춤을 추는

내 자신이 너무나도
비참하고 행복해 보였다

자연스러움

낯선 사람과
이야기하는 것은

얼떨결에 재미있거나
예상처럼 힘들기도 하다

사회적인 모습을 끼고
경청과 대답을 번갈아하며

마침표를 찍음과 동시에
물음표를 내밀어본다

자연스러운 과정
자연스러운 질의응답

자연스럽다고 생각할 때까지
내가 생각한 것들을 적어 보니

자연스러움을 연기하는
부자연스러운 나를 보게 되었다

배움의 길

끊임없이 배울 것은
공부뿐이라

배우고 익히는 것이
어찌 힘들 수 있을까

아는 것이 힘이고
맞는 것은 가치관이니

내가 나를 믿는 것 또한
배우고 익히는 것이 아닐까

겸손은 인을 부르고
오만은 악을 부르더라

이는 오로지 나 홀로 느낀 것이니
같은 생각을 한 사람이 있지 않을까

그저 생각만 하다
시간을 보내게 되었다

그렇게 살다 보니
어느샌가 주변을 둘러보게 되더라

도시 사람

이 넓은 공간에
나 하나뿐이었다

전등은 들어오지 않고
밖에는 가로등 하나 없는

도시 속
아파트였다

혼자 넓은 곳을
살고 있었기에

조금은 무섭기도 하고
조금은 편하기도 했다

멀리서 불빛 하나
조명이 커지고 나면

너무나도 눈이 부셔
보지 않은 척했다

세 번째 장

당신과 나

사랑을 하기 시작했다
사랑을 받기 시작했다

나와 다른 사람의 마음을
알아가기 시작했다

위로를 주고받으며
하루를 살기 시작했다

힘듦을 묵묵히 공감하고
슬픔에 조용히 울었다

사랑은 나를
너를 알게 했다

한 끗 차이

불 꺼진 천장을 바라보며
자연스레 잠이 들고

알람 소리가 아닌
아침 햇살에 눈 비비며 일어난다

몸과 마음이 배부르니
따뜻함은 나를 흐르고

물과 피가 떨어지니
차가움 또한 곁을 맴도는구나

밝은 보름달이 아닌
너의 전화에 화들짝 놀라고

가라앉는 나의 이상향에
눈 밑 그림자가 짙어지는구나

하얀 붕대

팔이 너무 아파서
가만히 있었다

손을 쓸 수 없을 만큼
아픔은 더욱 심해졌다

피가 통하지 않게
팔을 감싸 안으니

아픔이 덜하고
움직일 수 있게 되었다

붕대야 내 팔에 오기까지
어떤 삶을 살아왔니

그래 그랬구나
많이 힘들었겠다

너와 나의 삶이
그리 헛되지는 않았구나

웃을 수 있는 감정

그만해 힘들어
몸에서 표현되는 말

그래도 그렇지만
마음에서 우러나온 말

그만할까 그래도
가끔은 웃게 돼

우스꽝스러운 모습도
똑 부러지는 모습도

이도저도 아닌데
나를 웃게 해주더라

너의 과거에서
나의 현재를 보았고

너가 떠올렸던 생각들은
나보다 먼저 겪어보았겠지

너도 누군갈 보면서
나처럼 웃기도 했겠지

그렇게 하루를 버티던
네 옆으로 찾아갈 수 있었어

너는 내게 말했지
힘든 만큼 웃기 쉽다고

나도 너를 보면서
누군가의 웃음이 되길 바라게 되었어

웃음이 힘듦을
웃게 하여주었으니까

시야

네가 바라보고 있는 것은
이쁜 하늘과 바다

바닷속 물고기와
지고 있는 노을이었다

사진을 찍고
우리 둘의 사진첩을 열었을 땐

서로 피식하며
웃기만 할 뿐이었다

너의 사진엔 이쁜 배경이 있었고
나의 사진엔 이쁜 네가 있었다

아름다운 네가 있기에
배경이 더 아름다워 보였다

노을을 날아다니는 새처럼
바다를 헤엄치는 돌고래처럼

네가 아름다웠기에
세상이 아름다워 보였다

약속

제가 감히
당신에게 말을 건네봅니다

웃지 못하던 제게 다가와
함께 웃어줄 수 있다며
서툰 농담과 맑은 목소리로
따뜻함을 느끼게 해 주었습니다

힘들다고 얘기하던 저에게
따스한 눈웃음을 보내 주었습니다

저의 차가운 손을
따뜻한 손으로 잡아 주었습니다

당신은 본인의 힘듦을 안은 채
제 힘듦을 가져가 주었습니다

제가 감히 당신에게 말해봅니다
당신이 어린아이처럼 웃고 울고 투정을 부려도
당신의 옆에서 하루를 지켜봐 줄 수 있는
그런 사람이 되어도 괜찮을까요

한 움큼

한 움큼 쥐어
너에게 가다가

그만 사고를
당해버렸다

가슴이 뚫리고
다리는 뒤틀어졌다

내 하루는
망가지고 있었고

나의 한 움큼은
없어진 지 오래였다

그러던 어느 날
너는 나를 찾아왔다

절뚝거리는 다리와 함께
팔에는 목발을 걸치며

걱정 한 움큼 쥐어
나에게 찾아왔다

찢어진 옷

가는 실과 얇은 바늘
엮어서 꿰매기

옆구리 터진 잠바
솜털 넣고 다시 조이기

한땀 한땀 묶어
끈끈한 매듭짓고 마무리

언제 다시 터질지 모를
하나뿐인 내 옷에게

많이 아팠지
이제 괜찮아

빗물 맞고 다시 찢어져도
매일매일 꿰매줄게

아파보고 그래

네가 가장 기쁠 때
아프기 쉬워

모든 것을 참아내다
마음 한번 풀렸을 때

잘 안될 때가 많을 거야
아픔이 몰려오거든

가끔은 아파보고 그래
힘들어서 울어보고 그래

아픔을 알아봐야
네가 누군지 알게 돼

아프지 않는 법도 외롭지 않는 법도
천천히 알아보자 함께 기다려 줄게

옆에 있다가
언젠간 나를 떠날 날이 올 테니

아파보고 그래
많이 아파보고 그래

기억력 저하

사람들은 마지막에
소중한 기억을 떠올린대

누군가와의 추억이 깃들어 있는
아주 먼 과거여도

새싹이 피듯
새살이 돋아 자리 잡는대

눈을 감기 직전에
나의 이름을 불러본대

그리고 나의 이름을 이은
너의 이름을 불러본대

너와 나 사이의 눈물 담긴 포옹이
금방이라도 놓칠 것 같지만

안간힘 꼭 끌어안고
미소 지으며 얘기하고 싶었대

다시 만나
고마워

나는 행복합니다

작은 돌 하나로
분칠을 하며

당신을 그릴 수 있었기에

창문 속 작게 들어오는
푸른 빛 아래서

당신을 바라볼 수 있었기에

추운 바닥을
따뜻하게 만들어준

당신을 맞댈 수 있었기에

하루하루 변한다 해도
언젠간 맞닿을

당신이 있기에

나는 행복합니다

작은 진심

내가 살아가는 동안
웃음을 지켜줄게

사랑하는 사람에게
웃음꽃이 되이줄 기야

보름달보다는 작지만
하루를 소원으로 이뤄줄 거야

모두가 등을 돌려도
나만큼은 곁에 있을게

사람을 좋아해도 돼
너를 사랑해도 돼

이제는 같이
행복해도 돼

네가 오는 날

유리잔에 비친
내 모습을 보았더니

유령과도 다름없는
다크서클이 내려 앉았더라

어두운 밤의 작은 술집 조명은
나의 씁쓸한 웃음을 조명해주는데

그때 네가 오더라
환한 웃음에 내가 비춰질만큼

비가 오는 날에
네가 오더라

글귀

삶을 포기하지 말라는
한 글귀가 적힌 메모장을

휴대폰 뒷면 케이스에
고이고이 접어 넣었다

비가 올 때에도
길을 걸을 때에도

늘 휴대폰을 잡고 걸었다

윗면은 낡았고 젖었으며
글씨는 번지고 흐려졌다

그럼에도 알아볼 수 있었다
삶을 포기하지 말라고

나에세 하루노 빠심없이
얘기해주는 너의 인생을

직접 만든 향수

너의 향수에는
나의 깊은 향이 있다

한 방울 너를 생각하고
두 방울 마음을 담아두고

세 방울 추억을 떠올리며
네 방울 너를 기대한다

너만을 위해 만든 향수는
이전의 향을 지워갔고

한없이 아름답게 웃는
어린아이 같은 모습에

또 한번 내 하루를
너에게 주고 싶어졌다

익명 댓글

당신 곁에 어떤 누가 있든
오로지 당신만을 믿겠습니다

모두가 좋지 않게 보아도
내기 싫어하는 행동을 해도

당신이니까 그럴 수 있다며
듣고 넘어가려 합니다

당신의 거짓말을 알게 되어도
당신의 부름에 달려가겠습니다

이름 없이 나를 욕하더라도
내 생각 한번 해준다면

나는
당신의 익명을 지키겠습니다

버릴 수 있는 것

마음을 잃어버릴 때가
종종 있습니다

첫 만남의 설렘
첫 시작의 기대

시간이 지날수록
머릿속에서

처음을 잊어버릴 때가
종종 있습니다

행복은 무엇으로
가질 수 있을지

내 소중한 무언가를
행복 대신 가져가야만 한다면

나는 나를 버릴 것을
버릴 수 있다는 것을

가슴에 손을 얹고
미리 말씀드립니다

사랑은 결국

같은 날 같은 시간
한순간도 떨어지지 않고

웃으며 하루하루를
기록하는 것이 행복했네

하루의 시작을
당신으로 시작해

당신의 손을 잡은 채로
잠에 들었었지

내가 숨을 멈출지
당신의 시간이 멈출지

궁금하고도
먼 미래지만

먼저 그대의 감긴 눈을 보고
천천히 눈을 감게 될 터이니

사랑은 결국
장식하는 것이네

장우산

흐린 날씨에
네가 보고 싶어서

장우산 하나 들고
터벅터벅 걸어갔다

삼십 분 걸리던 거리를
세 시간 걸어가며

너의 웃음을 기대하고
너의 모습을 떠올렸다

상상 속에 한눈팔다
길을 잃어도 보고

정처없이 떠돌다
공원을 걷기도 했다

그렇게 도착한 너에게
연락 한 통 없이 왔냐며

크게 혼나면서도
따뜻함을 느꼈다

장우산 하나 펼치고
같이 쓰고 가자며

반달 모양의 우산 속에
우리의 온기를 가두었다

지구와 위성

작은 위성 하나는
한참을 지구 곁에 맴돌다

막이 내리듯
눈을 감는다

곁에만 있어도 좋았을까
볼이 자꾸만 붉어지고

부끄러웠는지 눈만 마주치며
말 한번 못 건네더라

별들이 옆을 지나쳐도
오로지 지구만을 맴돌다

마지막이 되어서야
지구에게 닿게 되더라

기침 소리

크진 않지만
신경 쓰인다

작은 소리에도
작은 방울에도

곁눈질로
쳐다보게 되더라

나는 그런 너를
쳐다보지 않을 수 없었다

무언가 불편한지
표정이 좋지 않았고

짜증이 걱정으로
변하는 그 한순간은

너를 제대로 보기 전
나의 감정뿐이었다

길고양이

놀래키지도 않았는데
도망간 길고양이

편의점 고양이 밥 사서
길가에 뜯어 놓고

최대한 아무 생각 없이
앉아 있었다

멀리서 슬금슬금
걸어오는 고양이를 보곤

기뻤지만 다가가지 않고
가만히 계속 가만히 있었다

밥 앞에 우뚝 앉아서
내 눈치를 한번 살피고는

냄새를 맡고
허겁지겁 밥을 먹기 시작했다

체하지 말라고
물을 종이 그릇에 따라주자

겁을 먹었는지
쏜살같이 도망가더니

다시 앞으로 앞으로
슬금슬금 다가와

내 무릎 바로 옆에서
밥을 먹기 시작했다

포장마차 아저씨

힘들면 힘들다고
말하는 게 힘드니

세상이 바뀌면서
하루는 잘 지키고 있니

예전에는 힘들면
힘들다고 얘기했는데

요즘에는 힘들면
괜찮다는 말이 먼저 나오지

잘할 수 있다고
열심히 하겠다고

처음 봤을 때의
그 의지는 온데간데없고

힘들다고 말할 수 있는 곳이
딱히 없지

연락처를 뒤져봐도

그냥 잠깐 이야기를 할 뿐

모두 각자의 힘듦을
안고 살아가니까

딱하지 딱해
딱히 해줄 말은 없지만

잘 살아가
잘 버텨

오늘 처음 여기서 본 아저씨가
한 말이라 뭐 의미가 있나 싶지만

힘들면 힘들다고 얘기해
버틸 줄도 내릴 줄도 알아야지

오늘은 이 아저씨가 사줄게
정 고마우면 담에 커피나 쏴

잘 자고
좋은 꿈 꾸어라

긴 하품 소리

내가 한번 하면
너도 한번 하고

입에 손가락 넣는
장난도 쳐보고

낄낄 웃던
어린 시절

어른이 되어서도
똑같은 장난에 웃다가

먼 추억을
떠올려 본다

나이를 먹어서 생각해 봐도
친구들과 함께하는 어린 장난이

하나둘 떠나고 몇 명만 남아도
아직까지 재미있더라

오 분 통화

전화 한 통
광고 가득한 보관함

늘 그렇듯
하루에 한 번 전화가 온다

고객님으로 시작해
안 해요로 끝났었다

어느 날 모르는 번호로
이틀 동안 계속 전화가 왔다

보이스피싱인가 싶어
계속 끊다가 받아보았다

여보세요
끊지 말아봐

애타게 기다린 전화인 듯
목소리만 들어도 알 수 있었다

그동안의 안부 인사와 함께
군인인 너와 짧은 이야기를 나누었다

네 번째 장

이별의 행동

이제 떠나보내려 한다

행복했을지도 슬펐을지도
아니면 아무 감정 없었을지도

그저 멀어져야만 했기에
멀어짐을 택했다

행복을 줬던 당신이라서
행복을 줄 수 있었던 나라서

후회와 슬픔의 끝에
당신과 나의 하루를 담고

이제 떠나보내려 한다

정

바짓가랑이 붙잡고
울고불고 난리를 피웠다

내게서 떠나지 말라고
네게서 떠나기 싫다고

재회의 아름다움은
마음속의 재가 되었다

떠나기 싫다고 말하는 사람이
헤어짐을 쉽게 입에 올리면서

그 대상에 대한 불안감과
또 멀어질 두려움을 가지게 되었다

그렇게 내 마음속의 너는
점차 멀어지고 있었다

깨끗한 손

손을 씻는 것이
이렇게 어려울 줄은

내 손을 거쳐 간
모든 살아가는 것들은

온기를 남기고
마음 깊이 남아 있는데

당신을 잡았던 이 손을
어떻게 쉽게 씻으리

당신이 놓았던 이 손을
어떻게 쉽게 씻으리

송진가루

당신의 삶에서
나는 필요없는 존재

키도 크고
멋있는 아버지 아래서

아주 작고
소중하게 키워졌지만

당신에게
해악을 나눠주는 존재

더 이상 흐를 눈물 없이
그대를 떠나려하나

여전히 그대의 숨소리가
내 마음을 끌어당기네

나의 반창고

반창고를 붙이고 나면
그 자리엔 흉이 남아

며칠은 혹은 몇 달은
기다려야 사라진다

상처를 덮은 반창고는
흉이 좀 더 오래 간다

생각보다 아픔이 커서
잘 지워지지 않는 것일까

반창고 하나만으로는
안되는 것이었을까

사랑과 좋음의 차이

무엇을 할지
어떤 걸 줄지

고민하며
발만 동동 굴리다

천 원짜리 편지지와
오천 원짜리 꽃 한 송이를 사서

너에게 닿으려
천천히 걸어갔다

꽃이 시들지 않도록
품 안에 고이 넣었고

편지가 젖지 않도록
주머니에 고이 넣었다

사랑해라는 말을
전하러 가다가

좋아해라는 말을 듣고 있는
너를 보게 되었다

얼굴이 붉어지고
설레는 미소를 지으며

편지 한 장 없는 꽃다발을
받고 있는 너의 모습이

집에 가다가도
자꾸만 생각이 났다

품과 주머니에 있는
꽃과 편지는 버린 지 오래고

눈시울이 점차 붉어지며
말할 수 없는 슬픔이 밀려왔다

영원한 사랑을 고백하던
우리의 모습이 그려지지 않았다

너에게 가다가
너에게 가다가

아무것도 없는 내 모습에
뒤돌아설 뿐이었다

이혼가족

감당할 수 없는
하루를 보냈다

눈물 한 방울
흘릴 시간이 아까웠고

더는 풀리지 않는 밧줄이
내 목을 조여왔다

보살핌을 벗어난 내가
지켜야 할 사람이 생겼기에

몸은 죽어도
마음은 죽지 말자고 다짐했다

사랑했기에 떠나보낸다
그 눈물이 행복이었음 좋겠다

사랑하기 위한 과정

너를 떠나는 일을
무심코 해버렸을 때

앞은 캄캄해지고
머리는 새하얘졌다

너를 위한 사랑은
나를 깎는 이별이 되었고

너를 위한 이별은
나를 향한 사랑이 되었다

사랑은 아팠고
이별은 쓰라렸다

나를 사랑하는 법은
아직도 잘 모르겠으나

아픔을 기억하는 것이
사랑이라는 것을 알게 되었다

적응

이미 지구라는 별에
살았던 것처럼

이곳을 너무나도
잘 알고 있습니다

적응을 마친 후엔
익숙함과 평온함을 택했고

위를 향하려 할 때마다
점차 아래로 떨어져 갔습니다

인간은 나는 적응의 동물인데
적응을 하기 위한 노력을 해야 합니다

그런 내가 오랫동안 적응하지 못했던 건
슬픔도 행복도 무력감도 아닌

당신의 삶에
맞춰가는 것이었습니다

당신의 이야기를
듣고 싶고

언젠간 나아질
우리를 그리고 싶은데

당신은 그게 아닌가 봅니다
나는 어느 때보다 노력했는데 말이죠

그냥 왔습니다

다름이 아니라
그냥 왔습니다

얼굴 한번 보고
밥 한번 먹자는 핑계로

단정하게 깔끔하게
그냥 왔습니다

오랜만에 만난 당신은
여전히 나를 힘들게 했습니다

불편한 상황 속에서
당신이 불편해하지 않기 위해

최대한 좋은 말로
최대한 좋게 끝내려

다짐하고
그냥 왔습니다

저는 한마디도 하지 않은 채
당신을 집으로 보냈습니다

사랑받을 자격

원하지 않던 사람을
원하게 됐을 때

나를 원하던 사람은
나를 원하지 않게 됐다

잃은 후에
소중함을 느낀다는 것이

짝사랑을 하기 시작한다는
의미일 줄은 몰랐다

소중함을 깨닫지 못했다면
복잡한 경험을 하지 않았을 텐데

잃고 나서야
너의 소중함을 알게 됐다

깨닫지 못한 사람보다
이를 잃지 않는 사람이

사랑받을 자격이 있음을
너를 통해 알게 됐다

잊지 못할 추억

바다에서 너와
함께 걸었던 기억

첫 뽀뽀를 했던
아무도 없는 공원

벚꽃 한 줌 쥐어다가
소원을 빌었던 강가

두 뺨이 불그스름해졌던
기억이 자꾸만 스쳐 지나간다

이 길을 거닐 때마다
사소한 이야기가 생각나고

공원을 지날 때마다
심장이 쿵쿵거리고

봄이 올 때마다
너와 함께 손을 맞잡고

낯간지러운 말들을
약속했던 게 떠오른다

웃는 달님

가끔은 차 안에 누워
쪽잠을 자곤 한다

꼭 닫긴 차 문
새어 들어오는 바람 소리

사람들도 많은데
내 숨소리만 들린다

유리창 너머로 보이는 달이
조금은 눈부셔 보였을까

달이 그리고 있는 그림이
마치 나를 보고 웃는 듯했고

무표정으로 바라보다
문득 생각이 들었다

너라도 웃어주어 고맙다
웃어주지 못해 미안하다

못난 사람

그럴 수 있지라고
생각할 수 있는 사람

심심하다고
밤늦게 전화 거는 사람

잠깐 얘기하자고
학교 나무 아래서 기다리는 사람

내가 가지 않아도
캔커피 두 개 사서

휴대폰 전원이 꺼질 때까지
졸린 눈으로 기다리는 사람

그런 꿈 같은 사람을 보고서도
홀로 떠날 수밖에

미안하다는 말 한번 못 한 걸
미안해할 수밖에 없는

못난 사람

무감정

물이 흘러가는 길에
손이 닿으면

물은 손을 따라
흘리 내린다

눈이 와도
비가 와도

꾸준히 그리고 천천히
몸을 적셔간다

하루를 나에게 맡기듯
몸을 물에게 맡기다

흐르는 물에
감정을 한 움큼 쥐어

잘가라며
놓아주었다

인연의 실

끊어지지 않는
인연의 실

그게 진짜로
존재할까요

만남과 헤어짐을
자꾸만 반복하는데

기쁨과 슬픔을
자꾸만 반복하는데

그것이 진짜로
존재할까요

사람을 믿어보자고
매일매일 다짐하고

우연히 만난 사람들과
함께 정을 나눴는데

제가 부족했는지
또 이별을 반복하네요

누구와 연결되어 있을까요
누가 저와 연결되고 싶을까요

끊어지지 않는
인연의 실이

이미 끊어진 것은
아니겠죠

보이지 않는
인연의 실이

원래 없었던 것은
아니겠죠

다섯 번째 장

살아있다고 느끼는 것

살아있지 않음에도
감정이 느껴졌다

사이사이에
표정의 변화가 보였다

사람의 감정이
모든 것에 담긴 듯

짧은 순간 느꼈던
그것의 순수함이

나의 마음을
맑게 만들어주었다

꺼지지 않는 불

꺼지지 않는 불은
물에 닿으면 어떨까

차가워하며
살짝 불길이 흔들렸다

추운 날에 꽁꽁 싸맨
우리의 모습처럼

바들바들 떨며
서로의 온기를 나누나 보다

조금만 버티면 돼
금방 끝날 거야

아주 잠깐
잠을 자면 끝날 거야

눈에 보이지도 않는
작은 불씨가

큰 장작 위에 앉아
천천히 불을 피우는 것 같았다

핫팩

너무 아파요
그만하고 싶어요

괜찮아
금방 끝날 거야

잠깐이라도
손을 잡을 수 있기에

식을까 봐
버려질 걸 두려워하기에

따뜻하고 싶다
많이 힘들겠지만

아껴뒀던 열기를
마지막 순간까지도

아낌없이 주고 싶다

모기

날갯짓할 때마다
귓가에 윙윙거리고

몸도 유연해서
작은 구멍 사이를 비집더라

늘 우리 곁에 있다
날이 추워지면 사라지고

따뜻한 목욕을 즐기며
해가 뜨길 기다리더라

너도 나와 같구나
같은 삶을 살고 있구나

어찌 보면 우리는
피 한 방울 섞인

혈연으로 이루어진
사이겠구나

다른 말

굳게 잠긴 문에
조명 하나

얕은 불빛에
나방이 붙어

나뭇가지로 툭툭 쳐
떨어뜨렸다

찢어진 날개
낮게 날아오르는 나방들

그것이 나비였다면
어땠을까

눈비

폴폴 날아가
하늘에 닿아보련

바람 타고 거센 땅 위로
우렁차게 날아보며

나의 날개가 되어줄
작은 먼지들을 이끌고

펑펑 떨어지는
작은 희망이 되어주련

메마른 감정의 주위에서
나의 일부가 되어주련

벽걸이 시계

멈춘 시계는
떼어내지 않고

벽에 그대로
걸어놨디

잊은지도
아니 잊었을지도 모를

벽걸이 시계에는
먼지만이 쌓여갔고

오로지 한 시간만을 가리키며
천천히 세월을 같이 보낸다

네 주변의 시간은
빠르게 흘러가는데

너만의 시간은
너에게서 멈춰있었다

유리창

창밖을 쳐다보다
문득 떠올렸다

유리에 비친
창 안의 풍경은

누구를 위한 것일까
보는 사람들은 있을 텐데

안을 비추는 것엔
관심이 없어

그저 아무 생각 없이
밖을 쳐다볼 뿐이었다

마치 머릿속이 하얘지듯
유리창 안쪽은 뿌옇게 보였다

투명한 유리만을 원했다
안은 보이지 않는

내 생각은 틀렸을까

유리가 비추는
안과 밖의 풍경이

둘의 모습이 갑자기
아름답다고 느껴졌다

예술가

예술을 담을 때
무엇을 담아요

새들의 지저귐
사과의 움직임

흔하디 흔한
그림을 그리나요

아니요 저는
그림을 그려요

흔하디 흔한
그림을 그리고

사과의 움직임
새들의 지저귐

그것을 저의 손으로
담아 그려요

모래 알갱이

햇빛을 머금은
모래 알갱이들은

투명하다 못해
눈이 부시도록 밝았다

한 줌 쥐어
구름을 보다가

알갱이가 보여주고픈
투명함이 궁금해졌다

무엇일까 생각하다
주변을 둘러보는데

흐려진 알갱이와
선명해진 무언가가 보였다

나는 그것을
하루라고 불렀다

나는 비

투둑투둑
소리가 아름답다

고민 걱정 비우듯
물통이 비워지고

마음 또한 차갑게
아주 천천히 비워지더라

떨어지는 비의 소원은
무엇일까

한없이 가벼운 빗방울은
하늘 높이 날아갈까

딱딱한 바닥에
힘차게 떨어지는 비도

따뜻한 피부에
파도 타듯 흐르고 싶을 텐데

떨어지는 빗방울을 몸으로 적셔
하늘 위로 천천히 날려줘야지

시원한 하루를 보내게 해줘서
고맙다고 인사하며

나를 씻겨준 비에게
빗방울을 한 움큼 쥐어다

나는 비가 되고 싶어라며
너의 친구가 되어줘야지

무서운 귀신

흉가에 갔다가
무서워서 나왔다

아무도 없는데
으스스한 느낌이 들고

아무도 없는데
바스락 소리가 들렸다

사람이었을까
어쩌면 귀신이었을지도

귀신도 흉가에서
두려움에 떨고 있을 텐데

내가 들어가서
더 무섭게 한 건 아닐까

불도 없고
주변엔 아무도 없는 곳에서

무서워라고 중얼거렸던 말들을
내가 들은 거였나 보다

거미의 생각

거미줄 하나에 기대어
퉁퉁 타고 날아오른다

집을 짓기 위한
먹이를 먹기 위한

튼튼한 거미줄을
만들어 낸다

괜히 사람한테
걸려서 피해주지 않도록

겨우 지은 집이
한순간에 무너지지 않도록

구석에서 땅끝에서
열심히 만들어 낸다

하루를 열심히
살아가던 거미에게

한순간의 실수라며
망가뜨리고 싶지 않았다

여섯 번째 장

어느 시인의 이야기

짧은 삶을 살아온
시인의 이야기

남이 바라보는 시선을
나로서 바라보게 되었다

오로지 나만의 시간
오로지 내가 보았던 시선

시 하나를 쓰기 위한
나를 그리는 과정

내가 글을 쓰고
글이 나를 쓰게 만들었다

닫힌 공간

글을 적는 시간보다
눈을 감는 시간이 더 깁니다

무얼 적을까 고민하면
어느샌가 하늘은 닫힙니다

누워서 손 하나 까딱할 힘만
제게 주어졌습니다

글을 쓰는 이 시간만큼은
아무런 미동도 없이

물 흐르듯 흘려보내듯
천천히 지나갑니다

한 번의 기회

글을 쓰지 않다 보니
글을 쓰는 법을 까먹었다

글을 읽은 적이 오래되니
글이 기어나지 않는다

말하는 법도 읽는 법도
기억이 나지 않는다

단지 손이 가는 대로
이게 글인가 싶기도 하지만

마음 없이 생각 없이
정리가 되지 않은 채로

시를 쓰는 것이
바로 글이지 않을까 싶다

아무것도 모르기 때문에
지웠다 쓴 흔적조차 없기 때문에

나를 가장 많이 담을 수 있는
하나의 시가 아닐까 싶다

한 글자

휴지를 한 장 뽑았다
한 손에 들고

연필을 깎아 쥐었다
나머지 한 손에 들고

침대에 누워
양손을 벽지에 대고

천천히 글을
써내려갔다

한번 틀리면
고칠 수 없었기에

휴지 한 장에
무수히 많은 실수가 있었다

찢어질 듯 찢어지지 않는
휴지에 글을 적다 보니

뭉툭한 연필이
휴지에게 이불을 덮어주듯

점점 더 까맣게 칠해주어
낙서만 남게 되었다

낙서의 흐릿한 글자 하나가
눈길을 끌었다

하얀 배경엔
까만 글씨만이 보인다는데

까만 연필 칠 속에서
하얀 배경 하나가

이루고 있었다
시라는 한 글자를

선생님

이 세상에 쓸모없는 건
없다고 배웠다

찢어진 종이도
몽당연필도

쓸 수 있다고
배웠다

일 센티 남짓한 종이
일 센티 남짓한 연필

이 두 가지를
학생들에게 주고

원하는 것을
해보라고 했다

하나는 연필을 세웠고
둘은 종이에 연필을 꽂았으며

셋은 종이를 연필로 칠했고
넷은 종이를 하늘로 날렸다

어느 하나
사용하지 않은 사람이 없었다

나는 종이와 연필을 받고
이러한 행동을 했다

종이를 보고
연필을 보며

연필과 종이를 사용하는
학생들의 모습을 지켜보았다

골목길

아주 좁은 담 사이에
여행지가 있었다

크레파스로 그린 듯한
벽과 길바닥이

나를 동심으로
돌려놓은 듯했다

엄마의 잔소리를 피하려
좁은 길에 들어가

한 시간 두 시간을 보내던
유년 시절

기차나 비행기가 아닌
그저 걸은 것만으로도

나는 새로운 곳을
여행한 듯했다

가슴 속 이야기

무거운 짐을 나르고
자잘한 것을 옮기다 보니

하마터면 잊을뻔한
이야기를 발견하게 되었다

순서는 뒤죽박죽이나
자연스레 정리가 되었고

눈으로 손으로
하나둘 훑으며

장편소설을 읽듯이
한 장씩 넘겨보았다

빈공간에 들어갔던
나의 이야기 퍼즐은

언제 채워질지 모를
미완성이었기에

내 작은 일상까지도
한 부분으로 남기려 했다

표절

살다가
살아보니

다양한 말을
배우게 됐습니다

이미 사용한 말들도
다시금 내 시에 담겼습니다

어딘가에 숨어있을지 모를
이곳에 적힌 글자들이

나도 모르게 다시
태어나고 있었습니다

이 글이 유명해질 때
내 앞에 나타나주길

나에게 좋은 말을 건네주어
고맙다는 말 남길 수 있길

내가 쓴 글이
돌을 맞고 눈물을 흘리더라도

베꼈다는 것은 변하지 않으니
내게 본인의 글이라도 한마디 해주길

기다리고
기다리겠습니다

언젠간 찾아올 거라
믿겠습니다

울음이 그친 자리마다 피어나는 히아신스

초판 1쇄 인쇄	2025년 9월 12일
초판 1쇄 발행	2025년 9월 24일

지은이	유상민
펴낸이	이장우
책임편집	송세아
디자인	theambitious factory
편집 제작	안소라 김소은
관리	김한다 한주연
인쇄	KUMBI PNP
펴낸곳	도서출판 꿈공장플러스
출판등록	제 406-2017-000160호
주소	서울시 성북구 보국문로 16가길 43-20 꿈공장 1층
이메일	ceo@dreambooks.kr
홈페이지	www.dreambooks.kr
인스타그램	@dreambooks.ceo
전화번호	02-6012-2734
팩스	031-624-4527

이 도서의 판권은 저자와 꿈공장플러스에 있습니다.
이 책은 저작권법에 의해 보호받는 저작물이므로 무단전재와 무단복제를 금합니다.

일부 맞춤법 및 띄어쓰기의 변형은 저자 고유의 글맛을 살리기 위함입니다.

ISBN	979-11-993697-4-0
정가	13,500원